l'école - школа	2
le voyage - путовање	5
le transport - транспорт	8
la ville - град	10
le paysage - пејсаж	14
le restaurant - ресторан	17
le supermarché - супермаркет	20
les boissons - напитци	22
les aliments - јело	23
la ferme - сеоско газдинство	27
la maison - кућа	31
la salle de séjour - дневна соба	33
la cuisine - кухиња	35
la salle de bains - купаоница	38
la chambre d'enfant - дечија соба	42
les vêtements - одећа	44
le bureau - канцеларија	49
l'économie - економија	51
les professions - занимања	53
les outils - алати	56
les instruments de musique - музички инструмент	57
le zoo - зоолошки врт	59
les sports - спорт	62
les activités - активности	63
la famille - породица	67
le corps - тело	68
l'hôpital - болница	72
l'urgence - хитни случај	76
la Terre - земља	77
l'heure - сат	79
la semaine - седмица	80
l'année - година	81
les formes - облици	83
les couleurs - боје	84
les opposés - супротности	85
les nombres - бројеви	88
les langues - језици	90
qui / quoi / comment - ко / шта / како	91
où - где	92

Impressum
Verlag: BABADADA GmbH, Nedderfeld 112 , 22529 Hamburg
Geschäftsführer / Verlagsleitung: Harald Hof
Druck: Books on Demand GmbH, In de Tarpen 42, 22848 Norderstedt

Imprint
Publisher: BABADADA GmbH, Nedderfeld 112 , 22529 Hamburg, Germany
Managing Director / Publishing direction: Harald Hof
Print: Books on Demand GmbH, In de Tarpen 42, 22848 Norderstedt

l'école
школа

- la salle de classe — учиона
- diviser — делити
- le tableau — плоча
- la cour d'école — школско двориште
- l'enseignant — наставник
- le papier — папир
- écrire — писати
- le stylo — хемијска оловка
- le bureau de travail — писаћи сто
- la règle — лењир
- le livre — књига
- l'écolier — ученик

le sac d'écolier
торба

la trousse
перница

le crayon
графитна оловка

le taille-crayon
шиљило за оловке

la gomme à effacer
гумица за брисање

le bloc de papier à dessin
блок за цртање

le dessin
цртеж

le pinceau
кист

la boîte de peintures
кутија са бојама

les ciseaux
маказе

la colle
лепило

le cahier d'exercices
бележница

les devoirs
домаћи задатак

le chiffre
број

additionner
сабирати

soustraire
одузимати

multiplier
множити

calculer
рачунати

la lettre
слово

l'alphabet
абецеда

le mot
реч

l'école - школа

3

le texte
текст

lire
читати

la craie
креда

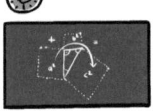
la leçon
час

le cahier de notes
дневник

l'examen
испит

le certificat
сведочанство

l'uniforme scolaire
школска униформа

l'éducation
образовање

l'encyclopédie
лексикон

l'université
универзитет

le microscope
микроскоп

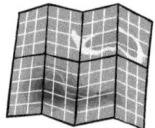
la carte
карта

la corbeille à papier
кошара за папир

l'école - школа

le voyage

путовање

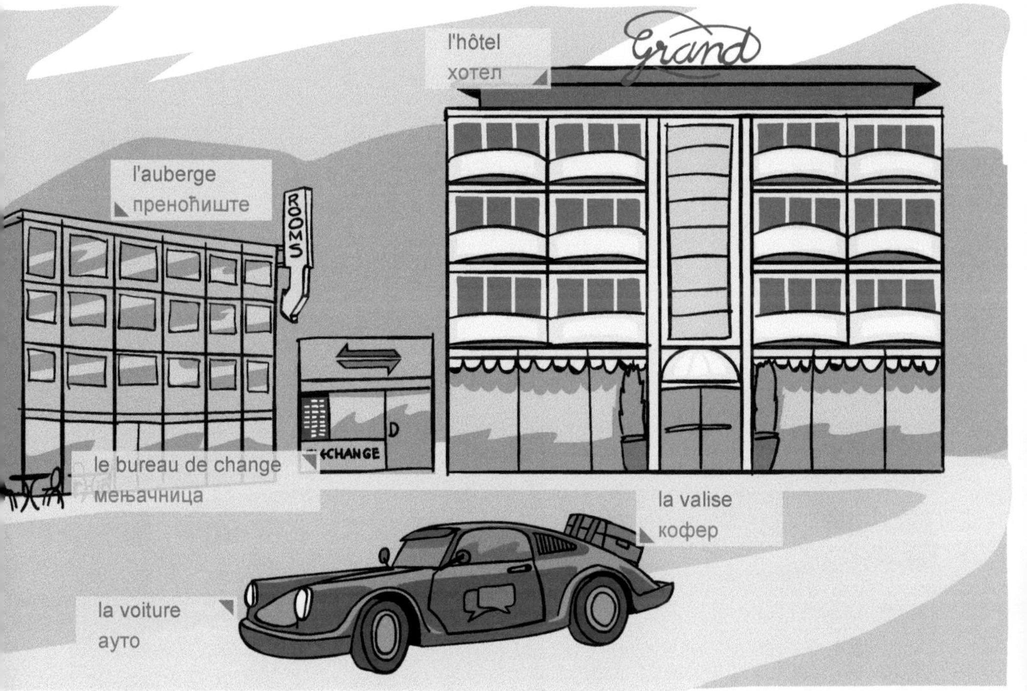

l'hôtel
хотел
Grand
l'auberge
преноћиште
ROOMS
le bureau de change
мењачница
CHANGE
la valise
кофер
la voiture
ауто

la langue

језик

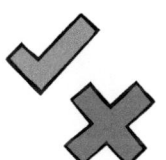

oui / non

да / не

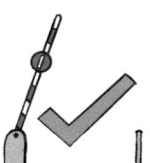

Okay

океј

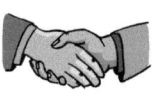

Allo!

здраво

le traducteur

преводилац

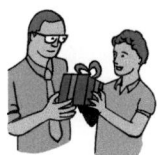

Merci

хвала

Combien coûte...?	Je ne comprends pas	le problème
Колико кошта...?	не разумем	проблем

Bonsoir !	Bonjour !	Bonne nuit !
добро вече!	Добро јутро!	Лаку ноћ!

bye bye	la direction	les bagages
довиђења	смер	пртљага

le sac	le sac à dos	l'invité
торба	руксак	гост

la pièce	le sac de couchage	la tente
соба	врећа за спавање	шатор

le bureau d'information touristique
....
туристичке информације

la plage
....
плажа

la carte de crédit
....
кредитна картица

le déjeuner
....
доручак

le dîner
....
ручак

le souper
....
вечера

le billet
....
карта за вожњу

l'ascenseur
....
лифт

le timbre
....
поштанска маркица

la frontière
....
граница

la douane
....
царина

l'ambassade
....
амбасада

le visa
....
виза

le passeport
....
пасош

le voyage - путовање

le transport
транспорт

l'avion
авион

le navire
брод

le camion d'incendie
ватрогасно возило

le camion
теретно возило

l'autobus
аутобус

le bateau à moteur
моторни чамац

le vélo
бицикл

la voiture
ауто

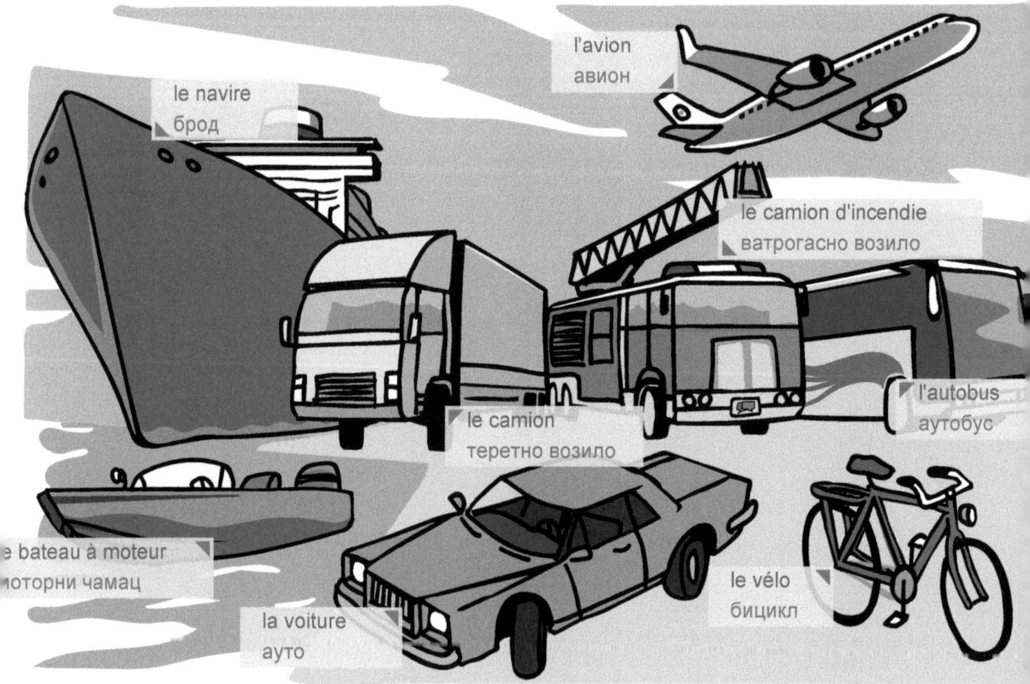

le traversier

трајект

le bateau

чамац

la motocyclette

мотоцикл

la voiture de police

полицијски ауто

la voiture de course

тркаћи ауто

la voiture de location

изнајмљено ауто

le transport - транспорт

l'autopartage   la dépanneuse   le camion à ordures

дељење аутомобила   вучно возило   возило за одвоз смећа

le moteur   le carburant   la station-service

мотор   бензин   бензинска станица

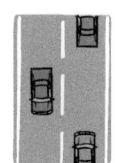

panneau de signalisation   la circulation   l'embouteillage

саобраћајни знак   саобраћај   застој

le parc de stationnement   la gare   les voies ferrées

паркиралиште   железничка станица   шине

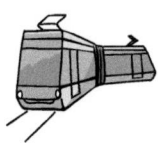

le train   le tramway   le wagon

воз   трамвај   вагон

le transport - транспорт

l'hélicoptère　　　l'aéroport　　　la tour
хеликоптер　　　аеродром　　　кула

le passager　　　le conteneur　　　la boîte en carton
путник　　　контејнер　　　картон

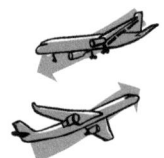

le chariot　　　le panier　　　décoller / atterrir
колица　　　корпа　　　узлетети / слетети

la ville
град

le village　　　le centre-ville　　　la maison
село　　　центар града　　　кућа

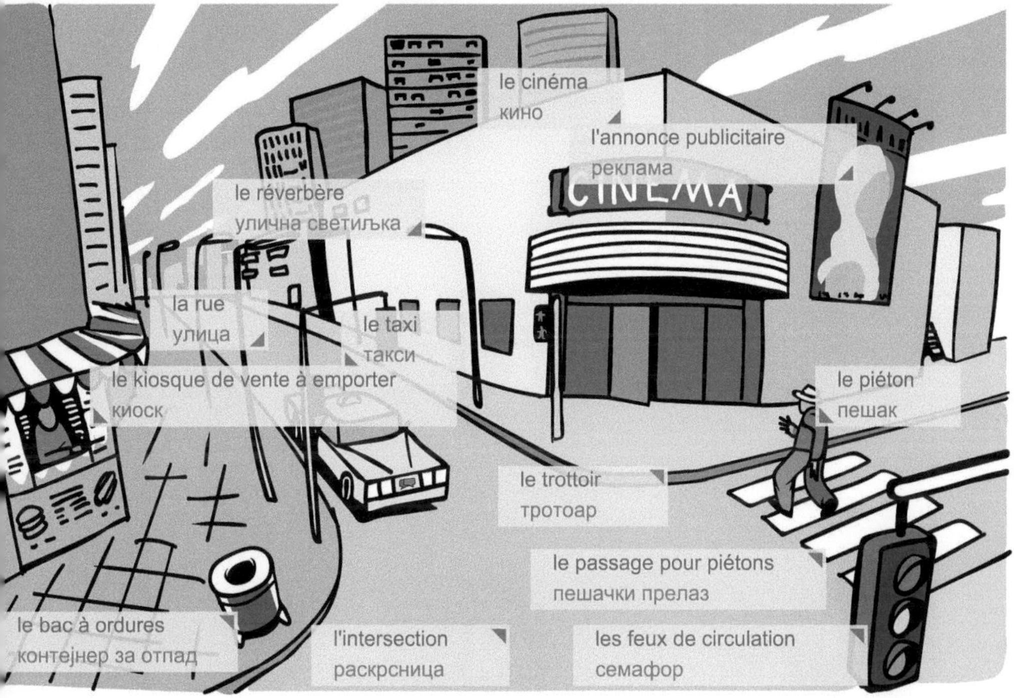

le cinéma
кино

l'annonce publicitaire
реклама

le réverbère
улична светиљка

la rue
улица

le taxi
такси

le kiosque de vente à emporter
киоск

le piéton
пешак

le trottoir
тротоар

le passage pour piétons
пешачки прелаз

le bac à ordures
контејнер за отпад

l'intersection
раскрсница

les feux de circulation
семафор

la cabane
колиба

l'appartement
стан

la gare
железничка станица

l'hôtel de ville
већница

le musée
музеј

l'école
школа

la ville - град

l'université
универзитет

la banque
банка

l'hôpital
болница

l'hôtel
хотел

la pharmacie
апотека

le bureau
канцеларија

la librairie
књижара

le magasin
продавница

le fleuriste
цвећара

le supermarché
супермаркет

le marché
трг

le grand magasin
робна кућа

la poissonnerie
рибарница

le centre commercial
трговачки центар

le port
лука

la ville - град

le parc
парк

le banc
клупа

le pont
мост

les escaliers
степенице

le métro
подземна железница

le tunnel
тунел

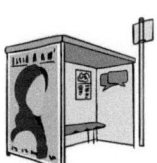

l'arrêt d'autobus
аутобуска станица

le bar
бар

le restaurant
ресторан

la boîte à lettres
поштанско сандуче

la plaque de rue
улични знак

le parcomètre
паркирни аутомат

le zoo
зоолошки врт

les bains publics
базен

la mosquée
џамија

la ville - град

la ferme

сеоско газдинство

la pollution

загађење околине

le cimetière

гробље

l'église

црква

l'aire de jeux

игралиште

le temple

храм

le paysage
пејсаж

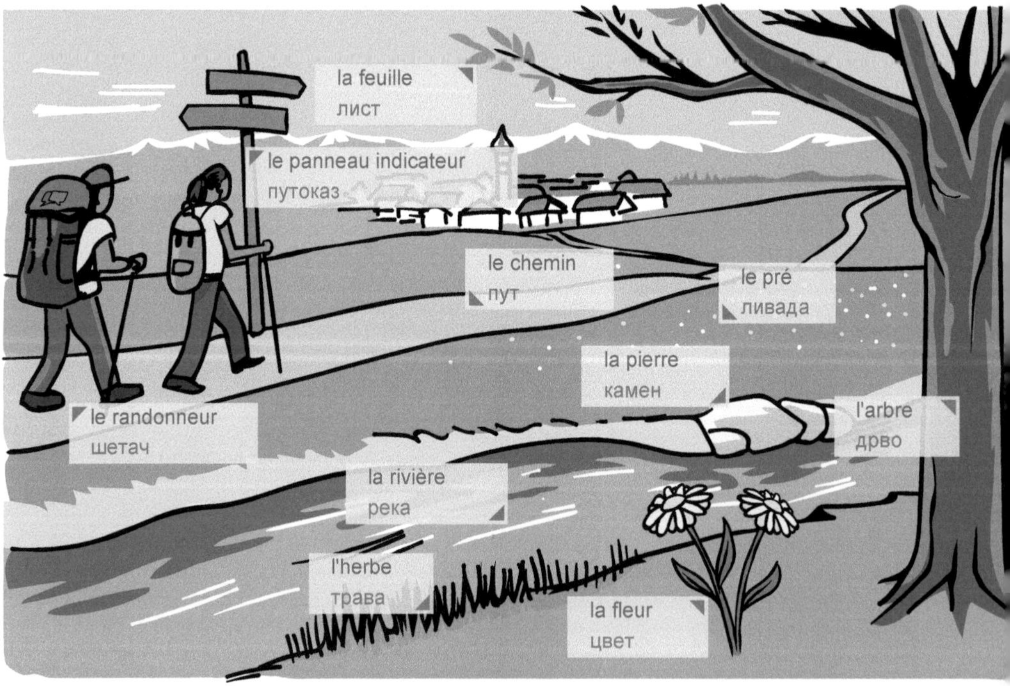

- la feuille — лист
- le panneau indicateur — путоказ
- le chemin — пут
- le pré — ливада
- le randonneur — шетач
- la pierre — камен
- l'arbre — дрво
- la rivière — река
- l'herbe — трава
- la fleur — цвет

la vallée
долина

la colline
планина

le lac
језеро

la forêt
шума

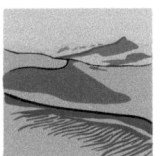

le désert
пустиња

le volcan
вулкан

le château
дворац

l'arc-en-ciel
дуга

le champignon
гљива

le palmier
палма

le moustique
москито

la mouche
мува

la fourmi
мрав

l'abeille
пчела

l'araignée
паук

le paysage - пејсаж

le scarabée
буба

la grenouille
жаба

l'écureuil
веверица

le hérisson
јеж

le lièvre
зец

la chouette
сова

l'oiseau
птица

le cygne
лабуд

le sanglier
дивља свиња

le cerf
јелен

l'original
лос

le barrage
насип

l'éolienne
ветрењача

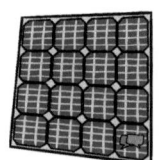

le panneau solaire
соларна плоча

le climat
клима

le paysage - пејсаж

le restaurant
ресторан

le serveur
конобар

le menu
јеловник

la chaise
столица

la soupe
супа

la pizza
пица

la coutellerie
прибор за јело

la nappe
стољњак

les hors-d'œuvre
предјело

le plat principal
главно јело

le dessert
десерт

les boissons
напитци

les aliments
јело

la bouteille
флаша

le restaurant - ресторан

la restauration rapide

брза храна

la cuisine de rue

имбис храна

la théière

чајник

le sucrier

доза за шећер

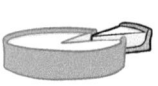

la part

порција

la machine à expresso

апарат за еспресо

la chaise haute d'enfant

висока столица

la facture

рачун

le plateau

послужавник

le couteau

нож

la fourchette

виљушка

la cuillère

кашика

la cuillère à thé

чајна кашика

la serviette

салвета

le verre

чаша

le restaurant - ресторан

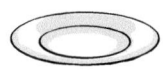

l'assiette — тањир

l'assiette creuse — тањир за супу

la soucoupe — тањирић

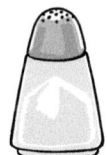

la sauce — сос

la salière — сољенка

le moulin à poivre — млин за бибер

le vinaigre — сирће

l'huile — уље

les épices — зачини

le ketchup — кечап

la moutarde — сенф

la mayonnaise — мајонеза

le supermarché

супермаркет

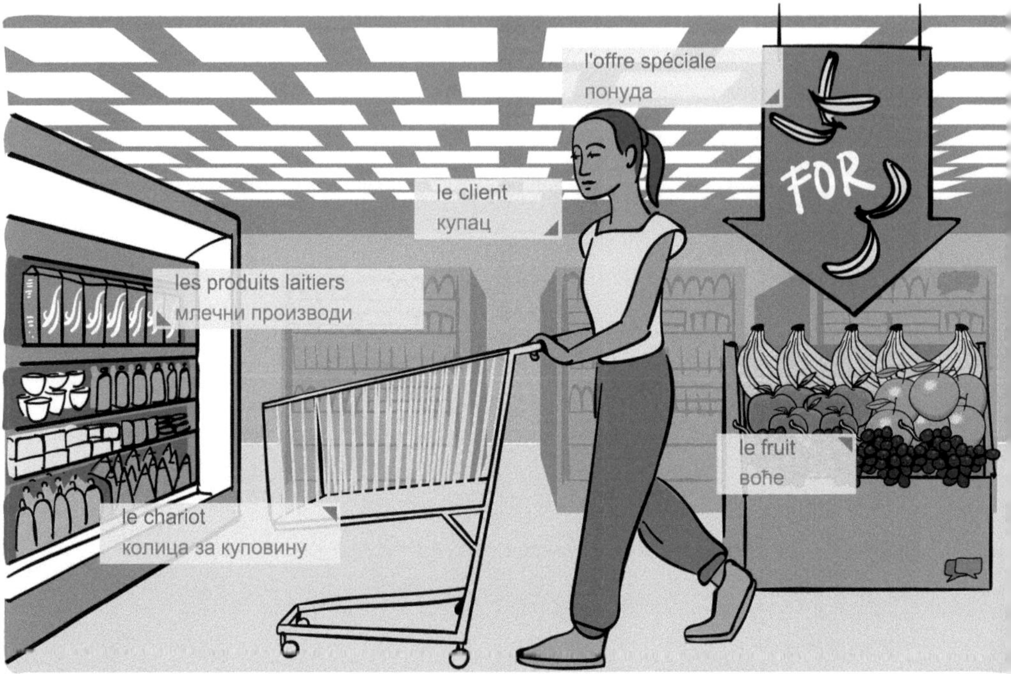

l'offre spéciale
понуда
FOR
le client
купац
les produits laitiers
млечни производи
le fruit
воће
le chariot
колица за куповину

BUTCHERS

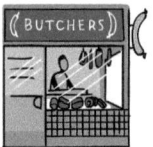

la boucherie

месница

BAKERY

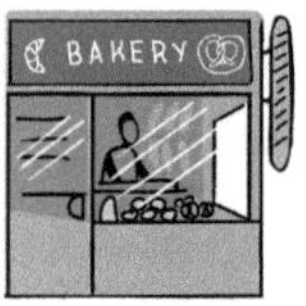

la boulangerie

пекара

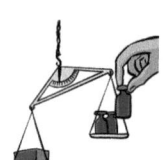

peser

вагати

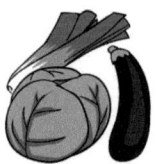

les légumes

поврће

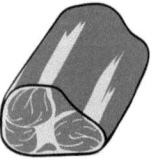

la viande

месо

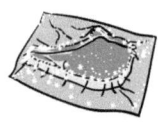

les aliments congelés

смрзнута храна

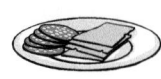

les viandes froides

нарезак

les conserves

конзерве

le détergent à lessive en poudre

средство за прање

les sucreries

слаткиши

les produits d'entretien ménager

артикли за домаћинство

les produits d'entretien

средства за чишћење

la vendeuse

продавачица

la caisse

благајна

le caissier

благајник

la liste de provisions

листа за куповину

les heures d'ouverture

време рада

le portefeuille

новчаник

la carte de crédit

кредитна картица

le sac

торба

le sac plastique

пластична кеса

le supermarché - супермаркет

les boissons
напитци

l'eau
вода

le jus
сок

le lait
млеко

le cola
кола

le vin
вино

la bière
пиво

l'alcool
алкохол

le cacao
какао

le thé
чај

le café
кава

l'expresso
еспресо

le cappuccino
капућино

les aliments
јело

la banane
банана

la pomme
јабука

l'orange
наранџа

le melon d'eau
лубеница

le citron.
лимун

la carotte
шаргарепа

l'ail
бели лук

le bambou
бамбус

l'oignon
лук

le champignon
гљива

les noix
орашасти плодови

les nouilles
резанци

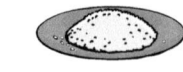

les spaghettis
шпагете

le riz
рижа

la salade
салата

les frites
помфрит

les pommes de terre sautées
печени крумпир

la pizza
пица

le hamburger
хамбургер

le sandwich
сендвич

l'escalope
шницла

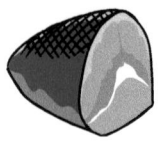

le jambon
шунка

le salami
салама

la saucisse
кобасица

le poulet
кокош

le rôti
печење

le poisson
риба

les aliments - јело

le gruau d'avoine
зобене пахуљице

le muesli
мусли

les flocons de maïs
кукурузне пахуљице

la farine
брашно

le croissant
кроасан

le petit pain
пециво

le pain
хлеб

la rôtie
тоаст

les biscuits
кекси

le beurre
маслац

le caillé
свежи сир

le gâteau
колач

l'œuf
jaje

l'œuf miroir
jaje на око

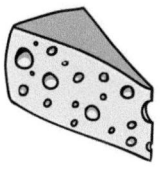
le fromage
сир

les aliments - јело

25

la crème glacée	le sucre	le miel
сладолед	шећер	мед

la confiture	la crème de nougat	le cari
мармелада	нугат крема	кари

la ferme
сеоско газдинство

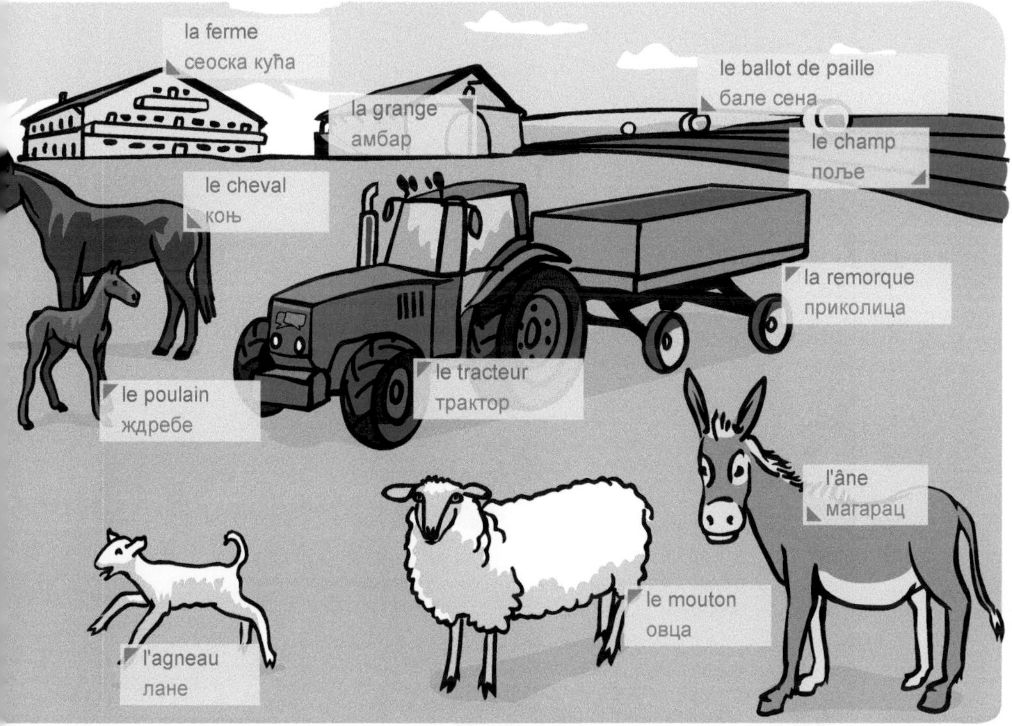

- la ferme — сеоска кућа
- la grange — амбар
- le ballot de paille — бале сена
- le champ — поље
- le cheval — коњ
- la remorque — приколица
- le poulain — ждребе
- le tracteur — трактор
- l'âne — магарац
- l'agneau — лане
- le mouton — овца

la chèvre

коза

la vache

крава

le veau

теле

le porc

свиња

le porcelet

прасе

le taureau

бик

l'oie
гуска

le canard
патка

le poussin
пилићи

la poule
кокош

le coq
петао

le rat
пацов

le chat
мачка

la souris
миш

le bœuf
вол

le chien
пас

la niche
кућица за пса

le tuyau d'arrosage
вртно црево

l'arrosoir
канта за поливање

la faux
коса

la charrue
плуг

la ferme - сеоско газдинство

la faucille
срп

la binette
мотика

la fourche à foin
виљушка за ђубриво

la hache
секира

la brouette
тачке

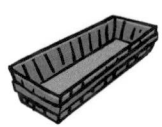

l'auge
корито

le pot à lait
посуда за млеко

le grand sac
врећа

la clôture
ограда

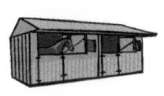

l'écurie
штала

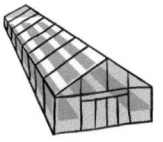

la serre
стакленик

le sol
земља

les graines
семе

l'engrais
ђубриво

la moissonneuse-batteuse
комбајн

la ferme - сеоско газдинство

récolter
жети

la récolte
жетва

l'igname
јамс зачин

le blé
пшеница

le soja
соја

la pomme de terre
кромпир

le maïs
кукуруз

la graine de colza
уљана репица

l'arbre fruitier
воћка

le manioc
гомољ маниоке

les grains
житарице

la ferme - сеоско газдинство

la maison
кућа

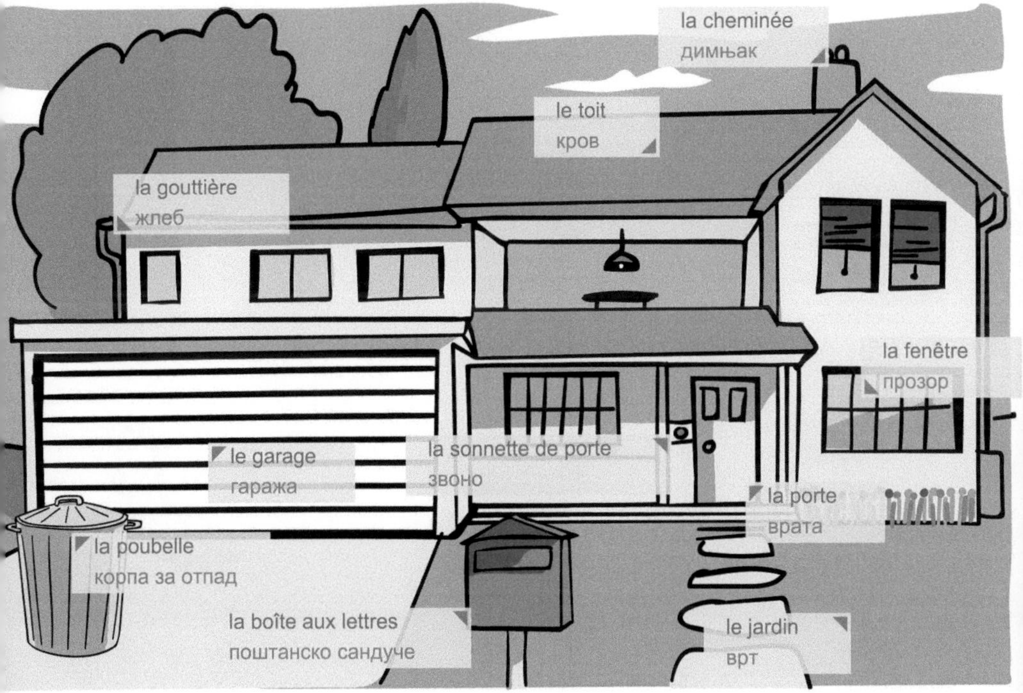

- la cheminée / димњак
- le toit / кров
- la gouttière / жлеб
- la fenêtre / прозор
- le garage / гаража
- la sonnette de porte / звоно
- la porte / врата
- la poubelle / корпа за отпад
- la boîte aux lettres / поштанско сандуче
- le jardin / врт

la salle de séjour
дневна соба

la salle de bains
купаоница

la cuisine
кухиња

la chambre à coucher
спаваћа соба

la chambre d'enfant
дечија соба

la salle à manger
трпезарија

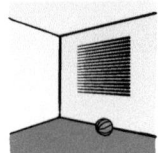

le plancher
под

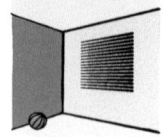

le mur
зид

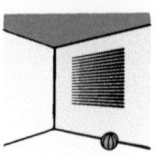

le plafond
строп

le cellier
подрум

le sauna
сауна

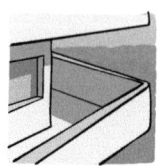

le balcon
балкон

la terrasse
тераса

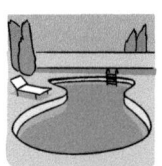

la piscine
базен

la tondeuse à gazon
косилица за траву

le drap
постељина за кревет

le jeté de lit
дека за кревет

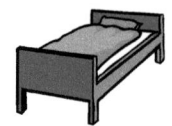

le lit
кревет

le balai
метла

le seau
канта

l'interrupteur
прекидач

la maison - кућа

la salle de séjour
дневна соба

le papier peint — тапета
le tableau — слика
la lampe — светиљка
l'étagère — регал
l'armoire — ормар
le foyer — камин
la télévision — телевизија
la fleur — цвет
le coussin — јастук
le vase — ваза
le sofa — кауч
la télécommande — даљински управљач

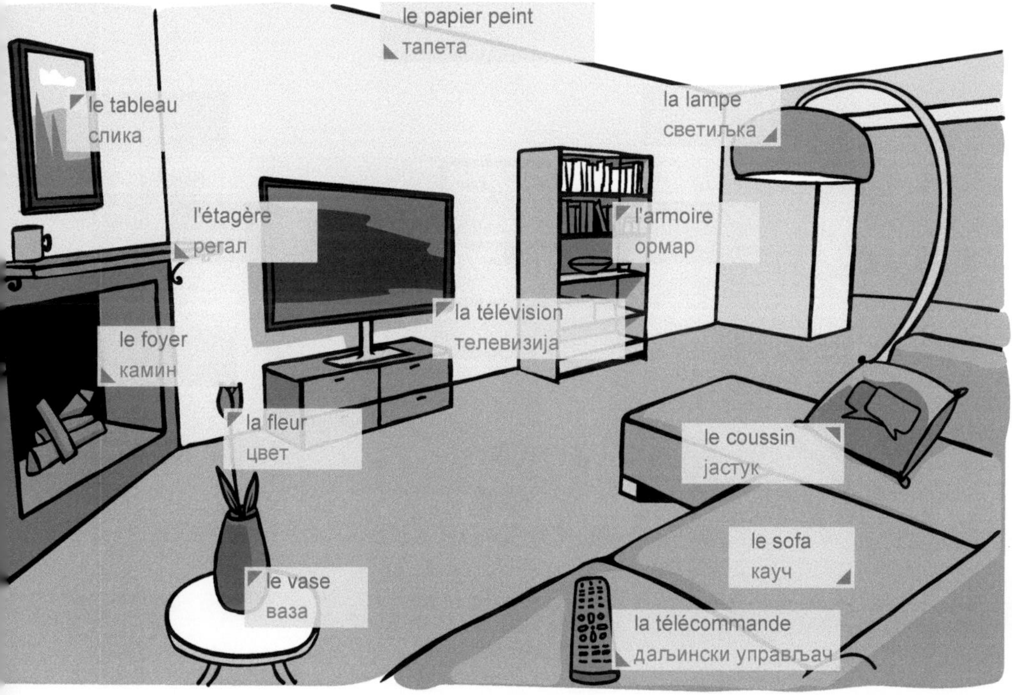

le tapis
тепих

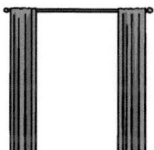

le rideau
завеса

la table
сто

la chaise
столица

la berceuse
столица за њихање

le fauteuil
фотеља

la salle de séjour - дневна соба

le livre
књига

la couverte
дека

la décoration
декорација

le bois de chauffage
дрво за огрев

le film
филм

la chaîne hi-fi
хи-фи уређај

la clé
кључ

le journal
новине

la peinture
слика на платну

l'affiche
постер

la radio
радио

le bloc-notes
блок за писање

l'aspirateur
усисивач

le cactus
кактус

la chandelle
свећа

la salle de séjour - дневна соба

la cuisine
кухиња

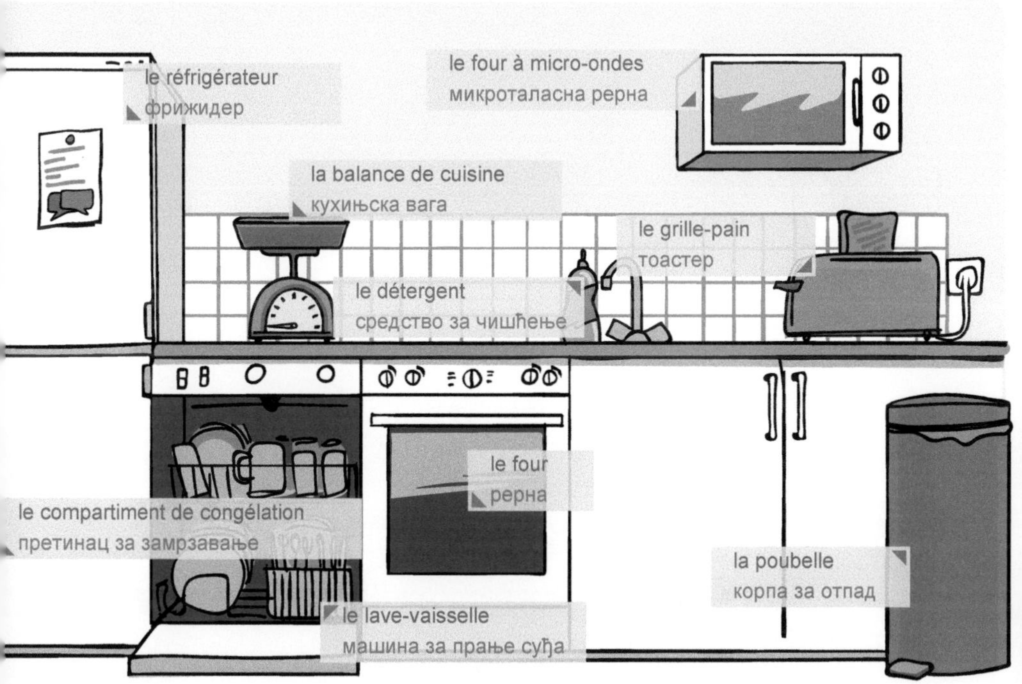

- le réfrigérateur / фрижидер
- le four à micro-ondes / микроталасна рерна
- la balance de cuisine / кухињска вага
- le détergent / средство за чишћење
- le grille-pain / тостер
- le compartiment de congélation / претинац за замрзавање
- le four / рерна
- la poubelle / корпа за отпад
- le lave-vaisselle / машина за прање суђа

la cuisinière
шпорет

la marmite
лонац

la cocotte en fonte
гвоздени лонац

le wok/kadai
вок / кадаи

la poêle
тава

la bouilloire
кувало за воду

le cuiseur à vapeur

кувало на пару

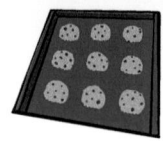

la plaque à patisserie

лим за печење

la vaisselle

посуђе

la grande tasse

чаша

le bol

посуда

les baguettes

штапићи за јело

la louche

кутлача

la spatule

лопатица

le fouet

пењача

la passoire

сито за кување

le tamis

сито

la râpe

рибеж

le mortier

мужар

le barbecue

роштиљ

le foyer

огњиште

la cuisine - кухиња

la planche à découper

даска

le rouleau à pâtisserie

оклагија

le tire-bouchon

вадичеп

la boîte à conserves

конзерва

l'ouvre-boîte

отварач конзерви

la mitaine de four

крпа за лонац

l'évier

судопер

la brosse

четка

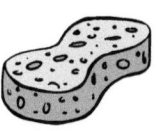

l'éponge

сунђер

le mélangeur

миксер

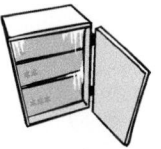

le congélateur

замрзивач

le biberon

флашица за бебе

le robinet

славина за воду

la cuisine - кухиња

la salle de bains
купаоница

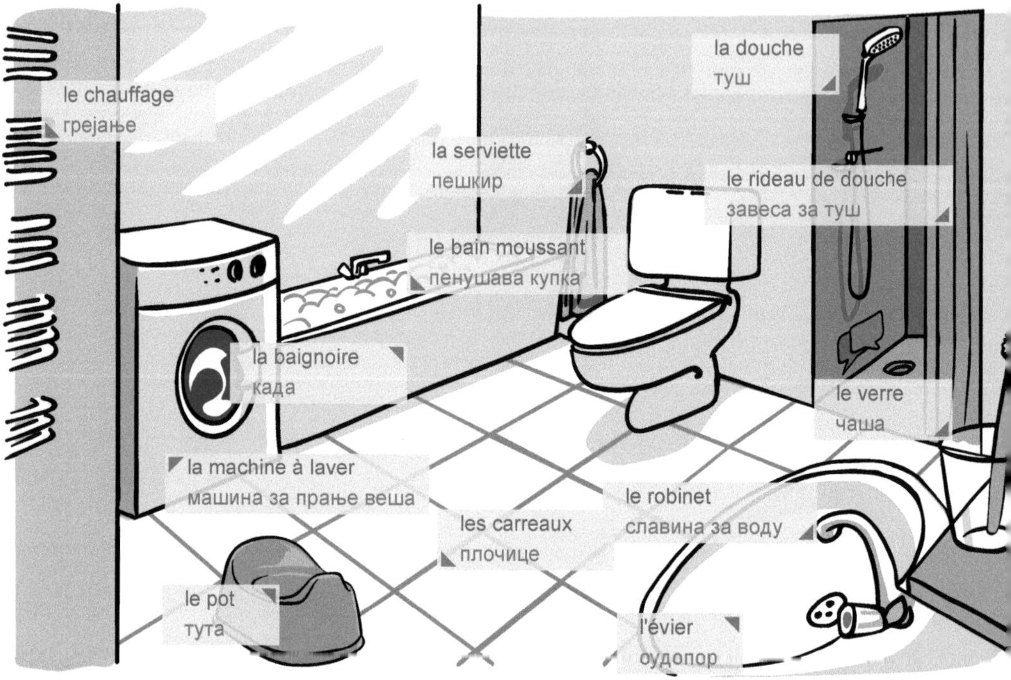

la douche
туш

le chauffage
грејање

la serviette
пешкир

le rideau de douche
завеса за туш

le bain moussant
пенушава купка

la baignoire
када

le verre
чаша

la machine à laver
машина за прање веша

le robinet
славина за воду

les carreaux
плочице

le pot
тута

l'évier
судопер

la toilette
тоалет

la toilette turque
чучавац

le bidet
бидет

l'urinoir
писоар

le papier hygiénique
тоалетни папир

la brosse à toilette
четка за тоалет

la brosse à dents
четкица за зубе

le dentifrice
паста за зубе

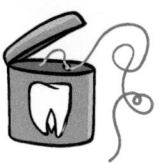
la soie dentaire
конац за зубе

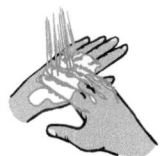
laver
прати

la douchette
туш ручица

la douche vaginale
туш за прање интимних делова

la cuvette
лавор

la brosse pour le dos
четка за прање леђа

le savon
сапун

le gel douche
гел за туширање

le shampooing
шампон

la débarbouillette
крпа за прање

le drain
одвод

la crème
крема

le déodorant
дезодоранс

la salle de bains - купаоница

le miroir

огледало

le miroir à main

козметичко огледало

le rasoir

бријач

la mousse à raser

пена за бријање

l'après-rasage

лосион за после бријања

le peigne

чешаљ

la brosse

четка

le sèche-cheveux

фен за косу

la laque

спреј за косу

le maquillage

шминка

le rouge à lèvres

руж за усне

le vernis à ongles

лак за нокте

l'ouate

вата

les ciseaux à ongles

маказе за нокте

le parfum

парфем

la salle de bains - купаоница

la trousse de toilette
козметичка торбица

le tabouret
столица

le pèse-personne
вага

le peignoir
огртач

les gants de caoutchouc
рукавице за чишћење

le tampon
тампон

les serviettes hygiéniques
уложак

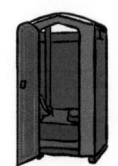
la toilette chimique
хемијски тоалет

la salle de bains - купаоница

la chambre d'enfant
дечија соба

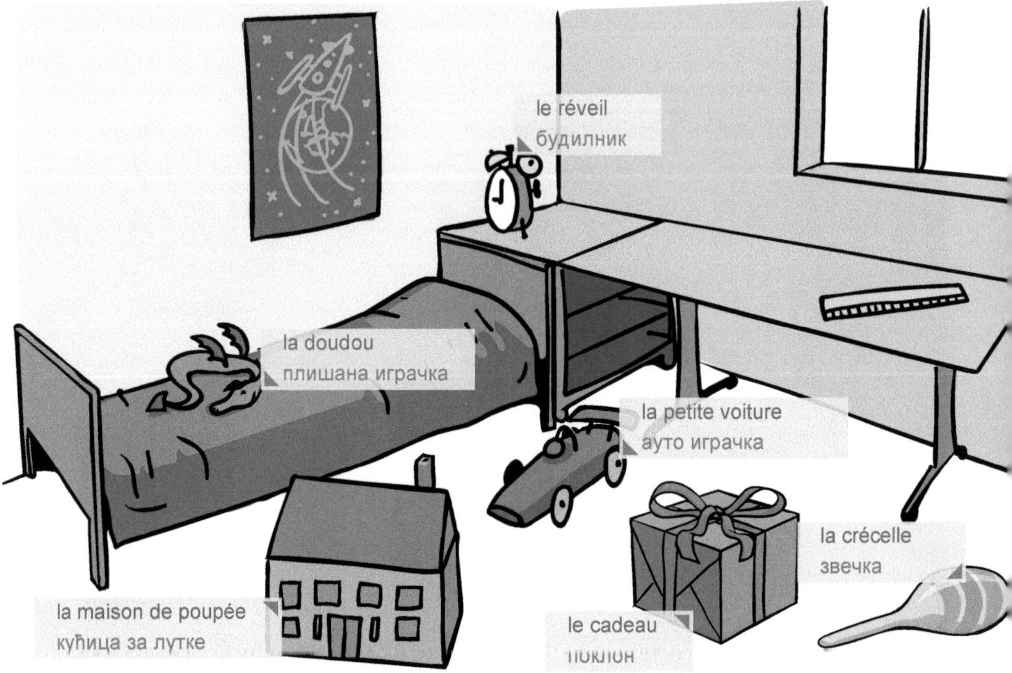

le ballon
балон

le jeu de cartes
игра са картама

le lit
кревет

le casse-tête
слагалица

le landau
дјечија колица

la bande dessinée
стрип

la chambre d'enfant - дечија соба

les blocs LEGO
лего коцкице

le jeu de briques
коцкице за слагање

la figurine articulée
акциони јунак

la dormeuse
бенкица за бебе

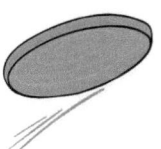
le disque volant
фризби

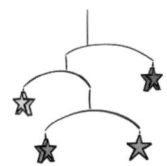
le mobile
висеће играчке

le jeu de société
друштвене игре

le dé
коцка

l'ensemble de modèles de train
минијатурна жељезница

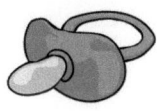
le mannequin
дуда

la fête
забава

le livre d'images
сликовница

la balle
лопта

la poupée
лутка

jouer
играти

la chambre d'enfant - дечија соба

le bac à sable
пешчаник

la balançoire
љуљачка

les jouets
играчка

la console de jeu vidéo
конзола за игре

le tricycle
трицикл

l'ours en peluche
теди

la garde-robe
ормар

les vêtements
одећа

les chaussettes
кратке чарапе

les bas
чарапе

le collant
хулахопке

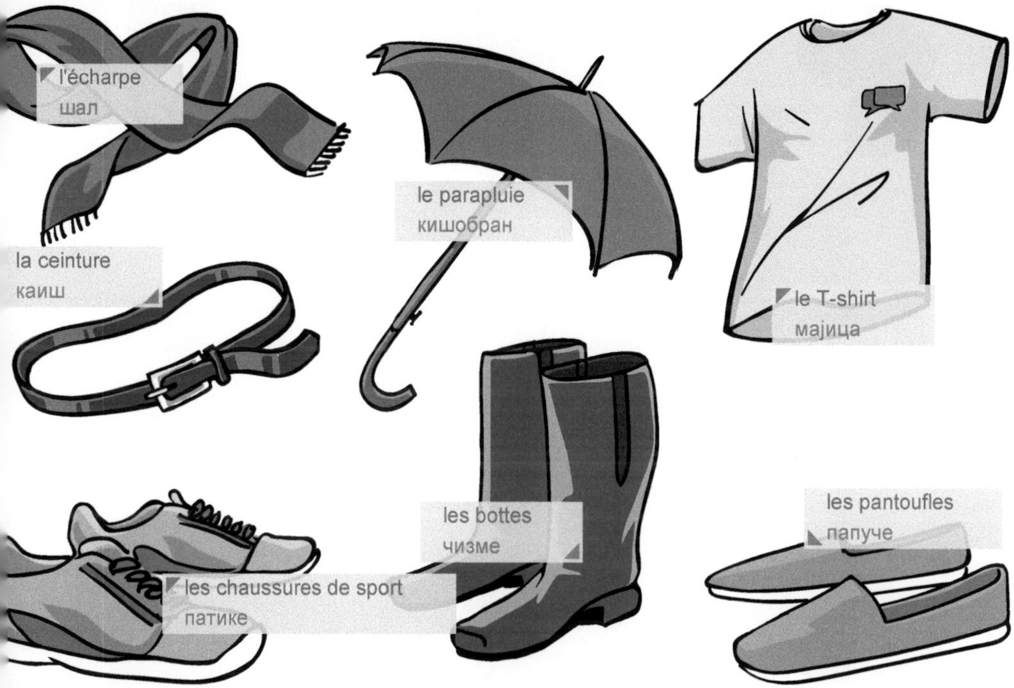

l'écharpe
шал

le parapluie
кишобран

le T-shirt
мајица

la ceinture
каиш

les bottes
чизме

les pantoufles
папуче

les chaussures de sport
патике

les sandales
сандале

les souliers
ципеле

les bottes de caoutchouc
гумене чизме

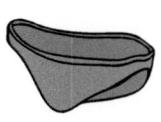

les sous-vêtements
гаћице

le soutien-gorge
грудњак

le gilet
поткошуља

les vêtements - одећа

le body
боди

le pantalon
панталоне

le jean
фармерке

la jupe
сукња

le chemisier
блуза

la chemise
кошуља

le chandail
џемпер

le chandail à capuche
џемпер с капуљачом

le blazer
сако

la veste
јакна

le manteau
мантил

le manteau de pluie
кабаница

le complet
костим

la robe
хаљина

la robe de mariée
венчаница

les vêtements - одећа

le tailleur
одело

la chemise de nuit
спаваћица

le pyjama
пиџама

le sari
сари

le foulard
марама за главу

le turban
турбан

la burqa
бурка

le cafetan
кафтан

l'abaya
абаја

le maillot de bain
купаћи костим

le maillot short
купаће гаћице

la culotte courte
кратке панталоне

le survêtement
одећа за тренинг

le tablier
кецеља

les mitaines
рукавице

les vêtements - одећа

le bouton

дугме

les lunettes

наочаре

le bracelet

наруквица

le collier

огрлица

la bague

прстен

la boucle d'oreille

наушница

la tuque

капа

le cintre

вешалица

le chapeau

шешир

la cravate

кравата

la fermeture à glissière

патент затварач

le casque

кацига

les bretelles

нараменице

l'uniforme scolaire

школска униформа

l'uniforme

униформа

les vêtements - одећа

le bavoir
подбрадак

le mannequin
дуда

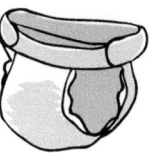
la couche
пелена

le bureau
канцеларија

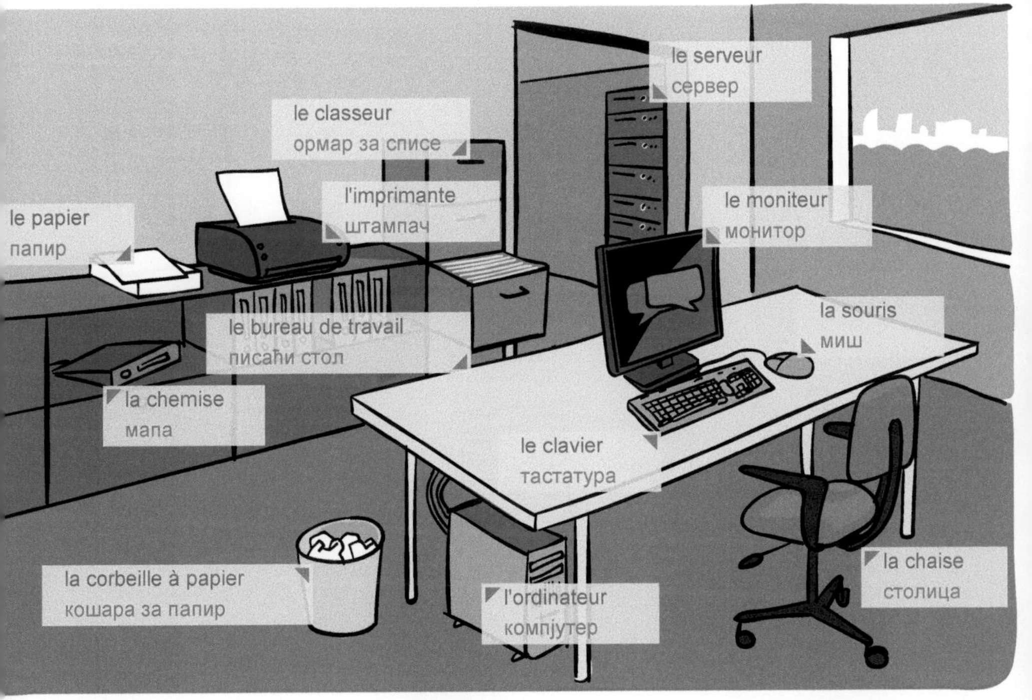

- le papier — папир
- le classeur — ормар за списе
- l'imprimante — штампач
- le serveur — сервер
- le moniteur — монитор
- le bureau de travail — писаћи сто
- la souris — миш
- la chemise — мапа
- le clavier — тастатура
- la corbeille à papier — кошара за папир
- l'ordinateur — компјутер
- la chaise — столица

la grande tasse à café
шалица за каву

la calculatrice
калкулатор

l'Internet
интернет

le bureau - канцеларија

l'ordinateur portable
лаптоп

la lettre
писмо

le message
порука

le téléphone cellulaire
мобилни телефон

le réseau
мрежа

le photocopieur
уређај за копирање

le logiciel
софтвер

le téléphone
телефон

la prise de courant
утичница

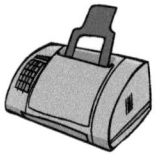
le télécopieur
факс

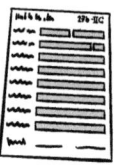
le formulaire
формулар

le document
документ

le bureau - канцеларија

l'économie
економија

acheter

куповати

payer

платити

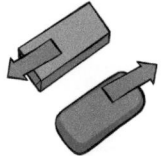

commercer

трговати

l'argent

новац

le dollar

долар

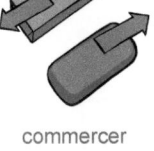

l'euro

евро

le yen

јен

le rouble

рубља

le franc suisse

швајцарски франак

le renminbi yuan

ренминдби јуан

la roupie

рупија

le distributeur de billets

аутомат за новац

le bureau de change

мењачница

l'or

злато

l'argent

сребро

le pétrole

нафта

l'énergie

енергија

le prix

цена

le contrat

уговор

la taxe

порез

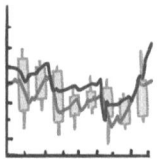

les actions

деонице

travailler

радити

l'employé

службеник

l'employeur

послодавац

l'usine

фабрика

le magasin

продавница

l'économie - економија

les professions
занимања

l'agent de police — полицајац

le pompier — ватрогасац

le cuisinier — кувар

le docteur — лекар

le pilote — пилот

le jardinier
вртлар

le charpentier
столар

le couturier
кројачица

le juge
судија

le pharmacien
хемичар

l'acteur
глумац

le chauffeur d'autobus
возач аутобуса

le chauffeur de taxi
возач таксија

le pêcheur
рибар

la femme de ménage
чистачица

le couvreur
кровопокривач

le serveur
конобар

le chasseur
ловац

le peintre
сликар

le boulanger
пекар

l'électricien
електричар

le constructeur de bâtiments
грађевински радник

l'ingénieur
инжењер

le boucher
месар

le plombier
лимар

le facteur
поштар

les professions - занимања

le soldat
војник

l'architecte
архитекта

le caissier
благајник

le fleuriste
цвећар

le coiffeur
фризер

le chef de train
кондуктер

le mécanicien
механичар

le capitaine
капетан

le dentiste
зубар

le scientifique
научник

le rabbin
раби

l'imam
имам

le moine
монах

l'ecclésiastique
свећеник

les professions - занимања

les outils
алати

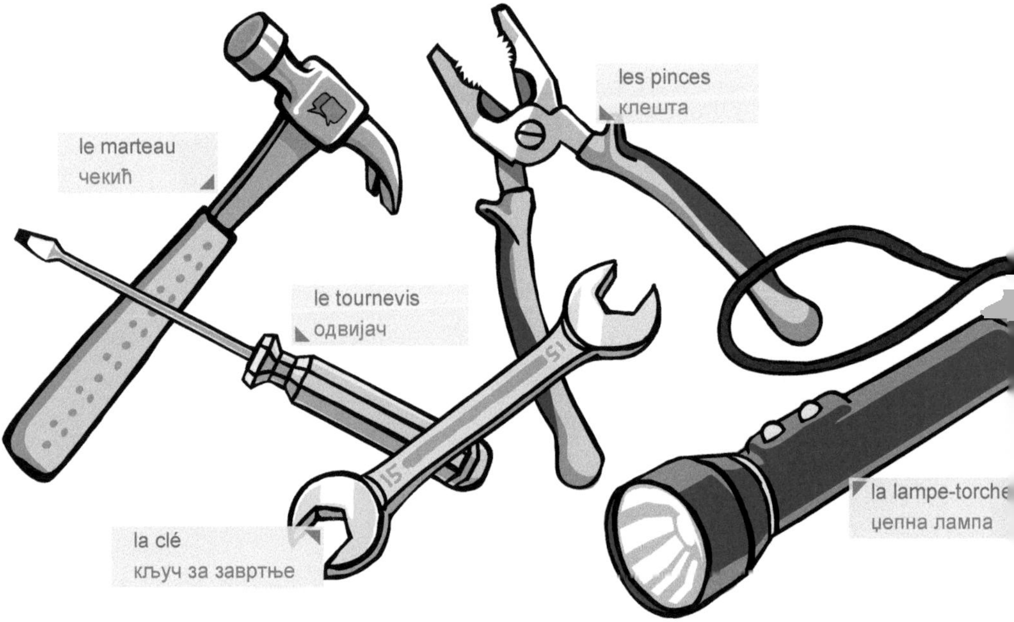

l'excavatrice

багер

la boîte à outils

кутија за алат

l'échelle

мердевине

la scie

пила

les clous

ексер

la perceuse

бушилица

réparer
поправити

la pelle
лопата

Tabarnouche !
до ђавола!

la pelle à poussière
лопатица

le pot de peinture
лонац за боју

les vis
завртањи

les instruments de musique
музички инструмент

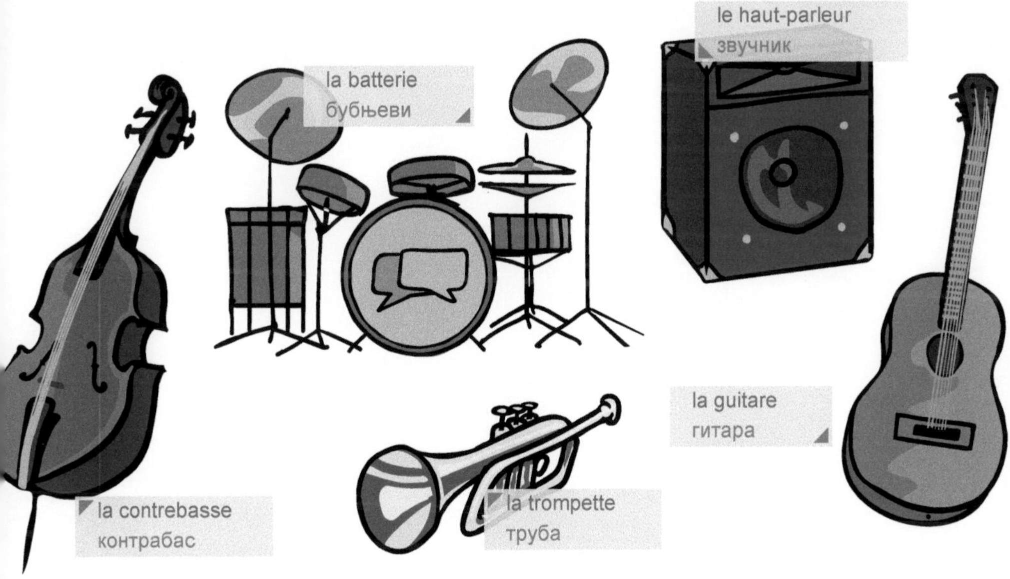

- le haut-parleur — звучник
- la batterie — бубњеви
- la guitare — гитара
- la contrebasse — контрабас
- la trompette — труба

le piano
клавир

le violon
виолина

la basse
бас

les timbales
тимпани

le tambour
удараљке за бубњеве

le synthétiseur
типке клавира

le saxophone
саксофон

la flûte
флаута

le microphone
микрофон

le zoo
зоолошки врт

- le tigre / тигар
- l'entrée / улаз
- la cage / кавез
- le zèbre / зебра
- la nourriture pour animaux / храна за животиње
- le panda / панда

les animaux
животиње

l'éléphant
слон

le kangourou
кенгур

le rhinocéros
носорог

le gorille
горила

l'ours
медвед

le chameau

камила

l'autruche

ној

le lion

лав

le singe

мајмун

le flamand rose

фламинго

le perroquet

папагај

l'ours polaire

поларни медвед

le pingouin

пингвин

le requin

ајкула

le paon

паун

le serpent

змија

le crocodile

крокодил

le gardien de zoo

чувар у зоолошком врту

le phoque

туљан

le jaguar

јагуар

le zoo - зоолошки врт

le poney
пони

le léopard
леопард

l'hippopotame
нилски коњ

la girafe
жирафа

l'aigle
орао

le sanglier
дивља свиња

le poisson
риба

la tortue
корњача

le morse
морж

le renard
лисица

la gazelle
газела

le zoo - зоолошки врт

les sports
спорт

le football américain
амерички ногомет

le cyclisme
бициклизам

le tennis
тенис

le basketball
кошарка

la natation
пливање

la boxe
бокс

le hockey sur glace
хокеј на леду

le soccer
фудбал

le badminton
бадминтон

l'athlétisme
атлетика

le handball
рукомет

le ski
скијање

le polo
поло

les sports - спорт

les activités
активности

- sauter / скочити
- serrer dans les bras / загрлити
- rire / смејати се
- marcher / ићи
- chanter / певати
- prier / молити се
- embrasser / пољубити
- rêver / сањати

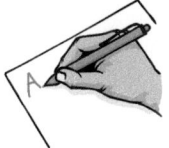

écrire
писати

dessiner
цртати

montrer
показати

pousser
гурати

donner
дати

prendre
узети

les activités - активности

avoir
имати

faire
чинити

être
бити

être debout
стојати

courir
трчати

tirer
повлачити

jeter
бацити

tomber
падати

s'allonger
лежати

attendre
чекати

porter
носити

s'asseoir
седити

s'habiller
облачити

dormir
спавати

se réveiller
пробудити се

les activités - активности

regarder
гледати

pleurer
плакати

caresser
миловати

peigner
чешљати

parler
говорити

comprendre
разумети

demander
питати

écouter
слушати

boire
пити

manger
јести

ranger
поспремити

aimer
волети

cuisiner
кухати

conduire
возити

voler
летети

les activités - активности

faire de la voile

пловити

calculer

рачунати

lire

читати

apprendre

учити

travailler

радити

se marier

венчати се

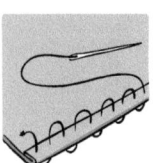

coudre

шити

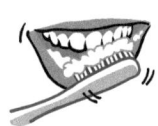

brosser les dents

прати зубе

tuer

убити

fumer

пушити

envoyer

послати

les activités - активности

la famille
породица

grand-mère
бака

le grand-père
деда

le père
отац

la mère
мајка

le bébé
беба

la fille
кћерка

le fils
син

l'invité
гост

la tante
тетка

l'oncle
ујак, стриц

le frère
брат

la sœur
сестра

la famille - породица

le corps
тело

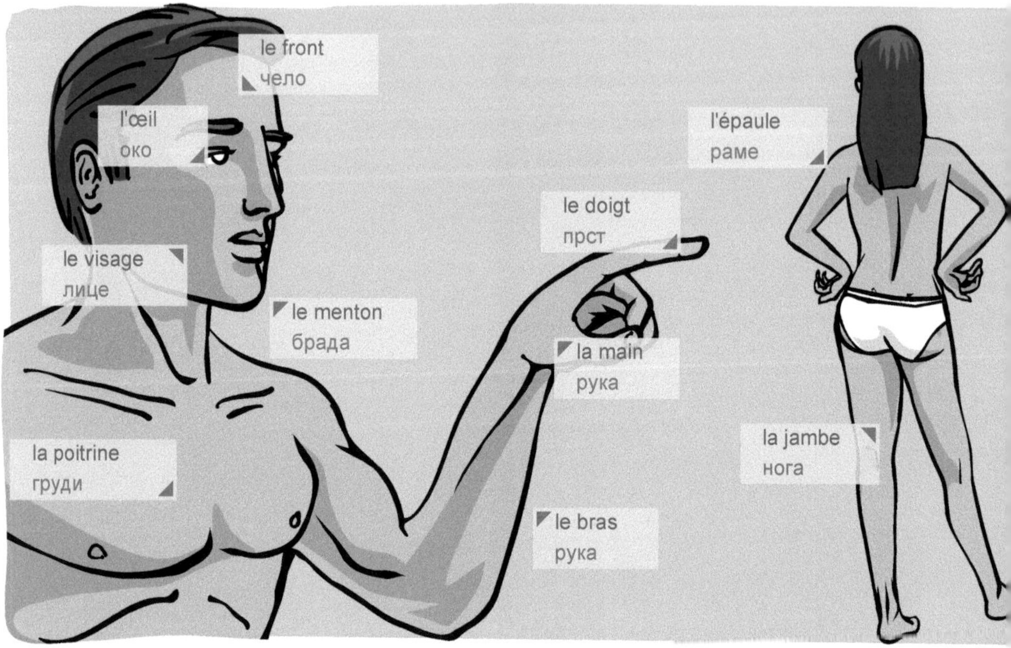

le front
чело

l'œil
око

l'épaule
раме

le doigt
прст

le visage
лице

le menton
брада

la main
рука

la poitrine
груди

la jambe
нога

le bras
рука

le bébé
беба

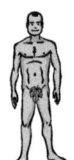

l'homme
мушкарац

la femme
жена

la fille
девојчица

le garçon
дечак

la tête
глава

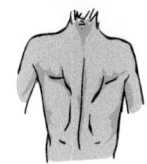

le dos
леђа

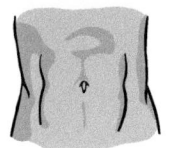

le ventre
стомак

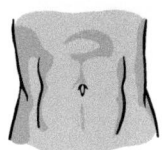

le nombril
пупак

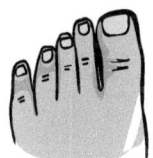

l'orteil
ножни прст

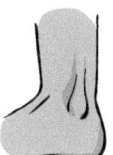

le talon
пета

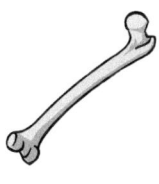

l'os
кост

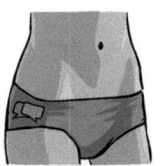

la hanche
кукови

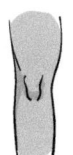

le genou
колено

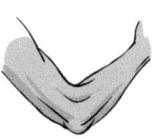

le coude
лакат

le nez
нос

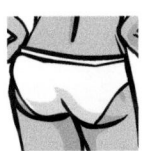

le derrière
задњица

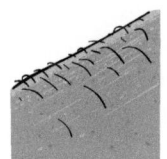

la peau
кожа

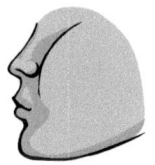

la joue
образ

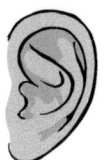

l'oreille
уво

la lèvre
усна

le corps - тело

la bouche

уста

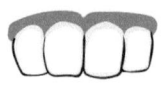

la dent

зуб

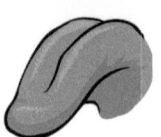

la langue

језик

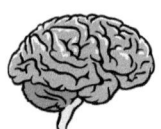

le cerveau

мозак

le cœur

срце

le muscle

мишић

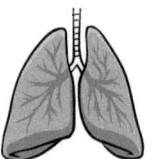

les poumons

плућа

le foie

јетра

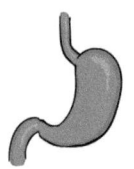

l'estomac

желудац

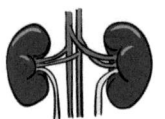

les reins

бубрези

le rapport sexuel

полни однос

le condom

кондом

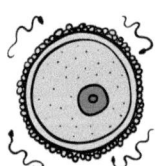

l'ovule

јајна ћелија

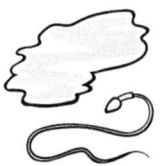

le sperme

сперма

la grossesse

трудноћа

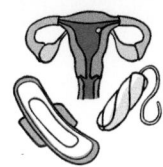  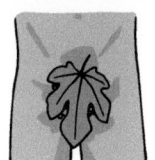

la menstruation	le vagin	le pénis
менструација	вагина	пенис

  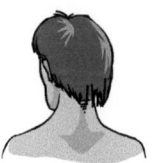

le sourcil	les cheveux	le cou
обрва	коса	врат

l'hôpital
болница

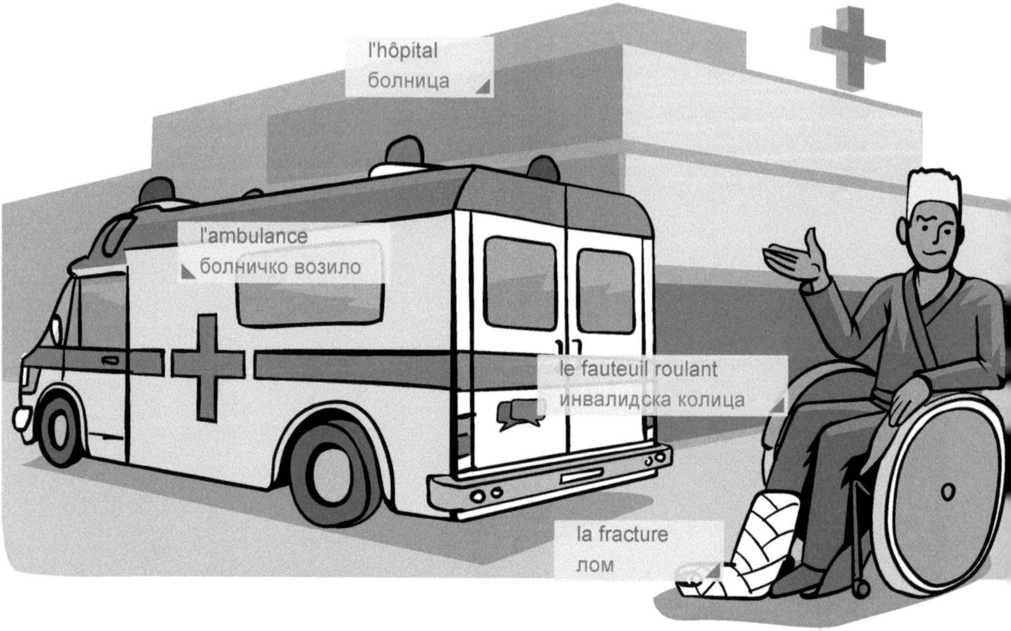

l'hôpital
болница

l'ambulance
болничко возило

le fauteuil roulant
инвалидска колица

la fracture
лом

le docteur
лекар

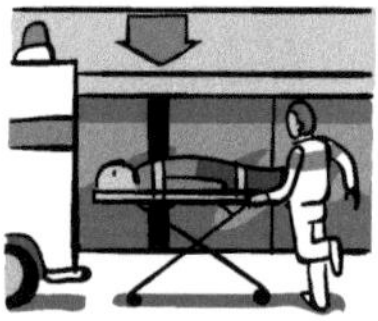

la salle des urgences
хитна медицинска служба

l'infirmier
медицинска сестра

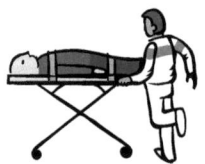

l'urgence
хитни случај

inconscient
несвест

la douleur
бол

la blessure
повреда

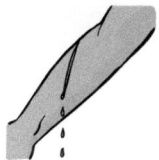

le saignement
крварење

la crise cardiaque
срчани удар

l'AVC
удар

l'allergie
алергија

la toux
кашаљ

la fièvre
грозница

la grippe
грипа

la diarrhée
пролив

le mal de tête
главобоља

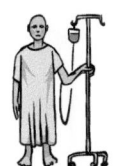

le cancer
рак

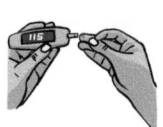

le diabète
дијабетес

le chirurgien
хирург

le scalpel
скалпел

l'opération
операција

l'hôpital - болница

la tomodensitométrie
цт

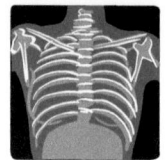
la radiographie
рентген

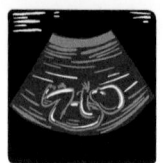
l'ultrason
ултразвук

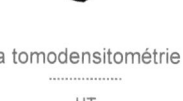
le masque
маска

la maladie
болест

la salle d'attente
чекаона

la béquille
штака

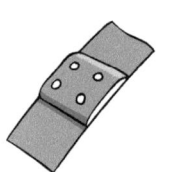
le sparadrap
фластер

le bandage
завој

l'injection
инјекција

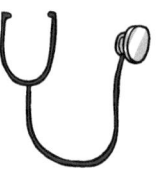
le stéthoscope
стетоскоп

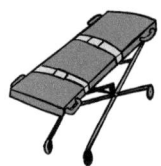
le brancard
носила

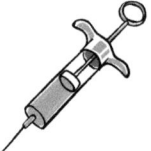
le thermomètre médical
термометар

l'accouchement
рођење

l'excès de poids
прекомерна тежина

l'hôpital - болница

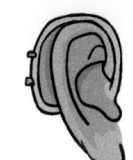
l'appareil auditif
слушни апарат

le désinfectant
средство за дезинфекцију

l'infection
инфекција

le virus
вирус

le VIH/ le sida
хив / аидс

le médicament
медицина

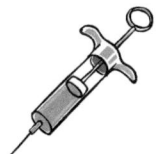
la vaccination
вакцинација

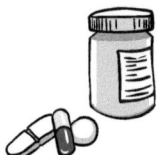
les comprimés
таблете

la pilule
пилула

l'appel d'urgence
хитни позив

le tensiomètre
уређај за мерење притиска

malade / en bonne santé
болесно / здраво

l'hôpital - болница

l'urgence
хитни случај

Au secours !
помоћ!

l'alarme
аларм

l'assaut
насртај

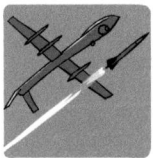

l'attaque
напад

le danger
опасност

la sortie de secours
излаз у случају нужде

Au feu!
пожар!

l'extincteur
противпожарни апарат

l'accident
незгода

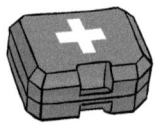

la trousse de premiers soins

кутија прве помоћи

SOS
сос

la police
полиција

la Terre
земља

l'Europe
Европа

l'Amérique du Nord
Северна Америка

l'Amérique du Sud
Јужна Америка

l'Afrique
Африка

l'Asie
Азија

l'Australie
Аустралија

l'océan Atlantique
Атлантик

l'océan Pacifique
Пацифик

l'océan Indien
Индијски океан

l'océan Antarctique
Антарктички океан

l'océan Arctique
Арктички океан

le Pôle Nord
Северни рол

le Pôle Sud

Јужни пол

l'Antarctique

Антарктик

la Terre

земља

la terre

земља

la mer

море

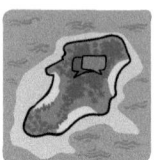

l'île

оток

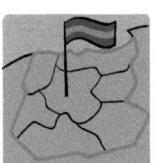

la nation

нација

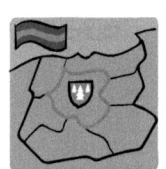

l'État

држава

l'heure
сат

le cadran

бројчаник сата

l'aiguille des heures

сатна казаљка

l'aiguille des minutes

минутна казаљка

l'aiguille des secondes

секундна казаљка

Quelle heure est-il ?

Колико је сати?

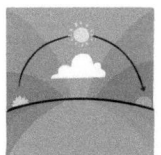

le jour

дан

le temps

време

maintenant

сада

la montre à affichage numérique

дигитални сат

la minute

минута

l'heure

час

la semaine
седмица

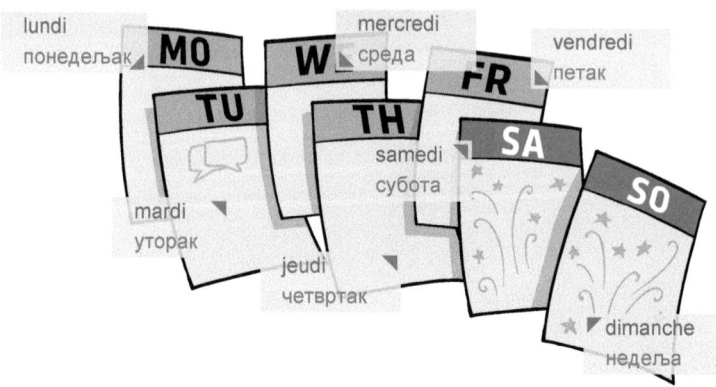

lundi
понедељак

mercredi
среда

vendredi
петак

mardi
уторак

samedi
субота

jeudi
четвртак

dimanche
недеља

hier

јуче

aujourd'hui

данас

demain

сутра

le matin

јутро

le midi

подне

le soir

вече

les jours ouvrables

радни дани

la fin de semaine

викенд

l'année
година

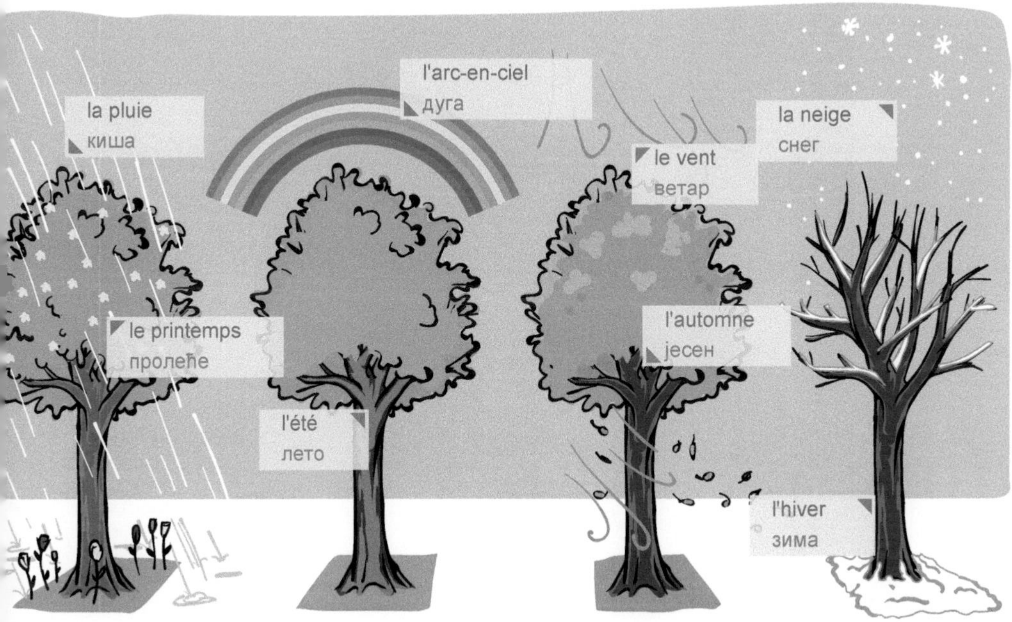

la pluie
киша
l'arc-en-ciel
дуга
le vent
ветар
la neige
снег
le printemps
пролеће
l'été
лето
l'automne
јесен
l'hiver
зима

4.APRIL 11°
5.APRIL 4°
6.APRIL 13°
7.APRIL 8°
8.APRIL 10°

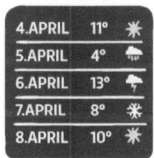

les prévisions météorologiques

етеоролошка прогноза

F C
120 90 60 30 0 -30
40 30 20 10 0 -10 -20

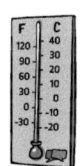

le thermomètre

термометар

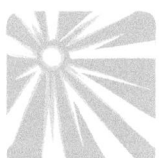

les rayons du soleil

сунчана светлост

le nuage

облак

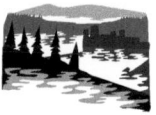

le brouillard

магла

l'humidité

влажност ваздуха

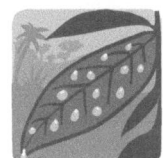

la foudre
муња

le tonnerre
грмљавина

la tempête
олуја

la grêle
туча

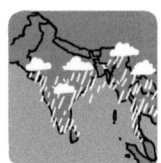
la mousson
монсун

l'inondation
поплава

la glace
лед

janvier
јануар

février
фебруар

mars
март

avril
април

mai
мај

juin
јуни

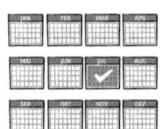
juillet
јули

août
август

l'année - година

septembre
септембар

octobre
октобар

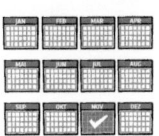

novembre
новембар

décembre
децембар

les formes
облици

le cercle
круг

le carré
квадрат

le rectangle
правоугао

le triangle
троугао

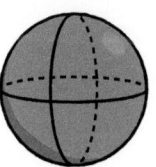

la sphère
кугла

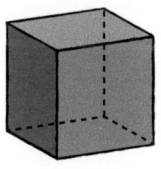

le cube
коцка

les couleurs
боје

blanc
бела

jaune
жута

orange
наранџаста

rose
ружичаста

rouge
црвена

violet
љубичаста

bleu
плава

vert
зелена

marron
смеђа

gris
сива

noir
црна

les opposés
супротности

beaucoup / un peu

много / мало

en colère / calme

љутито / мирно

beau / laid

лепо / ружно

le début / la fin

почетак / крај

grand / petit

велико / малено

lumineux / sombre

светло / тамно

le frère / la sœur

брат / сестра

propre / sale

чисто / прљаво

complet / incomplet

потпуно / непотпуно

le jour / la nuit

дан / ноћ

mort / vivant

мртво / живо

large / étroit

широко / уско

comestible / non comestible

јестиво / нејестиво

méchant / gentil

зло / добро

être enthousiaste / s'ennuyer

узбуђено / досадно

gros / mince

дебело / мршаво

le premier / le dernier

на почетку / на крају

l'ami / l'ennemi

пријатељ / непријатељ

plein / vide

пуно / празно

dur / mou

тврдо / мекано

lourd / léger

тешко / лагано

faim / soif

глад / жеђ

malade / en bonne santé

болесно / здраво

illégal / légal

илегално / легално

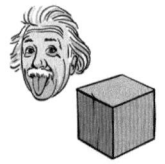

intelligent / stupide

паметно / глупо

gauche / droite

лево / десно

proche / loin

близу / далеко

les opposés - супротности

neuf / usagé
ново / половно

rien / quelque chose
ништа / нешто

vieux / jeune
старо / младо

marche / arrêt
вклучено / исклучено

ouvert / fermé
отворено / затворено

calme / bruyant
тихо / гласно

riche / pauvre
богато / сиромашно

correct / incorrect
точно / погрешно

rugueux / lisse
храпаво / глатко

triste / heureux
тужно / сретно

court / long
кратко / дуго

lent / rapide
полако / брзо

mouillé / sec
мокро / сухо

chaud / froid
топло / хладно

la guerre / la paix
рат / мир

les opposés - супротности

les nombres
бројеви

0
zéro
нула

1
un
један

2
deux
два

3
trois
три

4
quatre
четири

5
cinq
пет

6
six
шест

7
sept
седам

8
huit
осам

9
neuf
девет

10
dix
десет

11
onze
једанаест

12
douze
дванаест

13
treize
тринаест

14
quatorze
четрнаест

15
quinze
петнаест

16
seize
шестнаест

17
dix-sept
седамнаест

18
dix-huit
осамнаест

19
dix-neuf
деветнаест

20
vingt
двадесет

100
cent
стотину

1.000
mille
хиљаду

1.000.000
le million
милион

les nombres - бројеви

les langues
језици

l'anglais

енглески

l'anglais américain

амерички енглески

le chinois mandarin

мандарински кинески

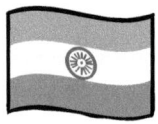

le hindi

хиндски

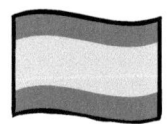

l'espagnol

шпански

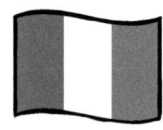

le français

француски

l'arabe

арапски

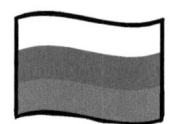

le russe

руски

le portugais

португалски

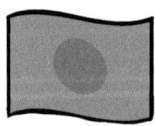

le bengali

бенгалски

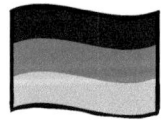

l'allemand

немачки

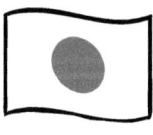

le japonais

јапански

qui / quoi / comment
ко / шта / како

je
ja

tu
ти

il / elle / ce, c', cela
он / она / оно

nous
ми

vous
ви

ils / elles
они

qui ?
Ко?

quoi ?
Шта?

comment ?
Како?

où ?
Где?

quand ?
Када?

le nom
име

où
где

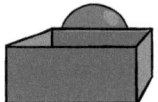

derrière

иза

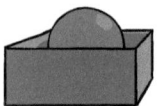

dans

у

devant

испред

au-dessus

преко

sur

на

en dessous

испод

à côté de

поред

entre

између

l'endroit

место